Pilotis ancre la lecture dans la vie.

CP

pilotis

méthode de lecture

fichier de lecture-compréhension

Delphine TENDRON
Professeur des écoles et maître-formateur

Géraldine LE GAOUYAT-LE SAGE
Professeur des écoles et maître-formateur

Josiane RUELLAN LE COAT
Professeur des écoles et maître-formateur

Laurent GOURVEZ
Professeur de français à l'ESPE de Bretagne

hachette
ÉDUCATION

Crédits

Les textes

Pp. 6 à 19 : *Qui a peur de quoi ?*, Coralie Saudo, © Éditions Les 400 Coups © Hachette Livre pour la présente édition.
Pp. 20 à 45 : *L'Ours*, Delphine Tendron et Géraldine Le Gaouyat-Le Sage, © Hachette Livre.
Pp. 46 à 73 : *Veux-tu être mon ami ?*, Éric BATTUT, © Didier Jeunesse © Hachette Livre pour la présente édition.
Pp. 74 à 103 : *Rouge !*, Alice Brière-Haquet et Élise Carpentier, © Éditions Motus © Hachette Livre pour la présente édition.
Pp. 104 à 128 : *Le Cerisier*, Alba Garcia-Puig, © Âne bâté éditions © Hachette Livre pour la présente édition.

Les couvertures

P. 19 : *Une histoire sombre, très sombre*, Ruth Brown, coll. « L'Heure des Histoires » © Gallimard. **P. 19 :** *Par une sombre nuit de tempête*, Barry Root © Mijade. **P. 19 :** *Il y a un cauchemar dans mon placard*, Mercer Mayer, coll. « L'Heure des histoires » © Gallimard. **P. 19 :** *L'Orage*, Juliette Vallery et Vanessa Gautier © Éditions Lito, 2005. **P. 42 :** *Wapiti*, n° 286, janvier 2011, © Milan Presse. **P. 43 :** *J'habite ici*, coll. « le Tour du monde », © Milan. **P. 43 :** *Manon*, n° 107, mars 2013, © Milan Presse. **P. 43 :** *Wakou*, n° 284, novembre 2012, © Milan Presse. **P. 43 :** *Encyclopédie des animaux*, coll. « Les Yeux de la découverte », © Gallimard. **P. 45 :** *Ours qui lit*, Éric Pintus © Didier Jeunesse. **P. 45 :** *La Chasse à l'ours*, Michael Rosen et Helen Oxenbury © Éditions Kaléidoscope. **P. 45 :** *Trouvé !*, Christine Schneider et Hervé Pinel © Albin Michel Jeunesse. **P. 45 :** *Mitch*, Nadja et Grégoire Solotareff © École des Loisirs. **P. 45 :** *L'Ours brun, géant des montagnes*, Éric Baccega, coll. « Doc à pattes », © Milan. **P. 68 :** *Le Petit Poisson rouge*, Éric Battut © L'Élan Vert. **P. 68 :** *Oh ! La belle lune*, Éric Battut © Didier Jeunesse. **P. 68 :** *Ce petit-pois là*, Éric Battut © Éditions Autrement. **P. 68 :** *Chouette !*, Éric Battut © L'Élan Vert. **P. 68 :** *La Noisette*, Éric Battut © Didier Jeunesse. **P. 68 :** *Le Renard et la poulette*, Éric Battut © Éditions Milan. **P. 69 :** *Deux oiseaux*, Éric Battut © Éditions Autrement. **P. 69 :** *Rouge Matou*, Éric Battut © Éditions Milan. **P. 69 :** *Jules et César*, Éric Battut © Éditions Autrement. **P. 103 :** *Le Petit Chaperon rouge*, illustré par Maud Riemann, © Éditions Bilboquet. **P. 103 :** *Chapeau rond rouge*, Geoffroy de Pennart, © Éditions Kaléidoscope. **P. 103 :** *Mademoiselle Sauve-qui-peut*, Philippe Corentin, © École des Loisirs. **P. 103 :** *Et pourquoi ?*, Michel Van Zeveren, © École des Loisirs. **P. 103 :** *Un petit chaperon rouge*, Marjolaine Leray © Actes Sud, 2009. **P. 128 :** *Léo*, Robert Kraus et José Aruego, © École des Loisirs. **P. 128 :** *Toujours rien ?*, Christian Voltz, © Éditions du Rouergue, 1997.

Les photographies

P. 20 : © B. Zoller / Imagebroker / Corbis. **P. 21 :** © F. Latreille / Hoa-Qui / Gamma-Rapho. **P 23 :** *Ours :* © B. Zoller / Imagebroker / Corbis. *Marmotte :* © S. Cordier / Jacana / Gamma-Rapho. *Ourse et ourson :* © T. Angermayer / Photo Researchers / Getty Images. *Chamois :* © É. Sipp / Jacana / Gamma-Rapho. *Ours qui mange de l'herbe :* © S. Cordier / Biosphoto. *Ours en automne :* © B. Mathieu / Biosphoto. *Ours en hiver :* © Jouan / Rius / Jacana / Gamma-Rapho. *Ours au printemps :* © J.-L. Klein et M.-L. Hubert / Biosphoto. *Ours en été :* © W. Layer / Jacana / Gamma-Rapho. **P. 25 :** *Ours au printemps :* © J.-L. Klein et M.-L. Hubert / Biosphoto. *Ours devant sa tanière :* © L. Geslin / Biosphoto. *Ours qui mange un chevreuil :* © Juniors / Biosphoto. *Ours qui nage :* © W. Wisniewski / The Image Bank / Getty Images. **P. 27 :** *Gros ours :* © Jouan / Rius / Jacana / Gamma-Rapho. *Ours qui mange un poisson :* © S. Kazlowski / BSIP. **P. 31 :** © L. Geslin / Biosphoto. **P. 36 :** *Ours brun :* © B. Zoller / Imagebroker / Corbis. *Renarde :* © D. Gulin / Stone / Getty Images. *Laie :* © S. Cordier / Jacana / Gamma-Rapho. *Louve :* © R. Savi / The Image Bank / Getty Images. *Biche :* © M. Hamblin / Oxford Scientific / Getty Images. *Renardeau :* © J. Hager / Robert Harding World Imagery / Getty Images. *Faon :* © Tier Und Naturfotografie J und C Sohns / StockImage / Getty Images. *Marcassin :* © M.-S. Danegger / Jacana / Gamma-Rapho. *Ourson :* © H. Ausloos / Jacana / Gamma-Rapho. *Louveteau :* © H. Ausloos / Jacana / Gamma-Rapho. **P. 39 :** © F. Sommariva / Imagebroker / Corbis. **P. 41 :** *Ours polaire au repos :* © G. Martin / Jacana / Gamma-Rapho. *Ours polaire qui mange :* © S. Flood / The Image Bank / Getty Images. *Ours polaire qui nage :* © A. Rouse / The Image Bank / Getty Images. *Ours qui court :* © U. Walz / Picture Press / Getty Images. *Ours qui boit :* © Jouan / Rius / Jacana / Gamma-Rapho. *Ours dans un arbre :* © H. Ausloos / Jacana / Gamma-Rapho. **P. 62 :** *Éléphant :* © Photo by Volanthevist / Flickr / Getty Images. *Caméléon :* © E. Sampers / Explorer / Gamma-Rapho. *Ours :* © M. Weber / Imagebroker / Corbis. *Baleine :* © S. Cordier / Jacana / Gamma-Rapho. *Âne :* © Cl. Thiriet / Jacana / Gamma-Rapho. *Dauphin :* © M. Ruegner / Imagestate / Hoa-Qui / Gamma-Rapho. **P. 68 :** © Didier Jeunesse. **P. 72 g :** *Le petit train de chaises*, jardin des Tuileries Paris 1944 © R. Doisneau / Gamma-Rapho. **P. 72 d :** *Le remorqueur du Champ-de-Mars*, Paris 1943 © R. Doisneau / Gamma-Rapho. **P. 100 :** © ADAGP 2013 © Centre Pompidou, MNAM-CCI, Dist RMN-Grand Palais / J. Hyde. **P. 124 :** © V. de Finance-Cordonnier.

Responsable de projet : Delphine DEVEAUX
Création de la maquette intérieure : Florence LE MAUX et TYPO-VIRGULE
Mise en pages : TYPO-VIRGULE
Illustrations intérieures : Béatrice DUROURE, Gilles POING (pp. 6, 11, 115, 128)
Illustration de couverture : Alain BOYER
Création de la couverture : Florence LE MAUX
Exécution de la couverture : TYPO-VIRGULE

PAPIER À BASE DE FIBRES CERTIFIÉES

hachette s'engage pour l'environnement en réduisant l'empreinte carbone de ses livres. Celle de cet exemplaire est de :
950 g éq. CO_2
Rendez-vous sur www.hachette-durable.fr

ISBN : 978-2-01-117998-2

Avant-propos

Pilotis est une méthode de lecture adaptée à TOUS les élèves qui a pour but la réussite de TOUS.
Elle est constituée de deux grandes parties qui se complètent : l'apprentissage du code (avec le manuel et le cahier d'exercices) et la lecture-compréhension (avec 4 albums de jeunesse authentiques et un documentaire, plus un fichier de lecture-compréhension).

La lecture-compréhension

Elle s'articule autour de deux axes :
- une **approche progressive** : de la lecture entendue à la lecture autonome à partir de textes intégraux et d'extraits de textes divers ;
- un **travail systématique** sur la **compréhension**, le **vocabulaire** et la **production d'écrit**.

• **Le fichier de lecture-compréhension** est construit autour de **5** « **albums-phare** » pour chacune des **5 périodes** qui rythment l'année scolaire.
Dès le début de l'année, un travail sur la compréhension de textes riches (littérature ou documentaire) est proposé, même si l'élève n'est pas encore lecteur.
Au fil de l'année et en lien avec l'apprentissage du code, les élèves développent leurs capacités à lire en autonomie des textes de plus en plus longs. Notre **progression** dans la lecture est ainsi **en adéquation avec les capacités des élèves** :
- en période 1, l'album est lu par l'enseignant (lecture entendue dans la continuité du travail de Grande Section) ;
- en période 2, le documentaire est lu par l'ensemble de la classe, en associant les connaissances de chacun et les compétences collectives ;
- de la période 3 à la période 5, les élèves lisent les albums dans une autonomie progressive et s'entraînent à relire à la maison.

• **Pour chaque album**, il propose :
- une **exploitation détaillée** ;
- un travail systématique de **vocabulaire** et de **production d'écrit** ;
- des propositions pour construire un **réseau** autour du thème étudié ;

Des **puces** ○ à cocher permettent la différenciation en gérant la quantité d'écrit par élève.

À partir de la période 2, l'étude de chaque album est divisée en **épisodes**, qui sont travaillés en quatre temps :
- « **Je découvre le texte** » (page de gauche) ;
- « **Je comprends le texte** » (page de droite) ;
- « **J'apprends de nouveaux mots** » (page de gauche) ;
- « **J'écris un nouveau texte** » (page de droite).

• En fin de période, des pistes sont données pour étoffer et exploiter la lecture en réseau autour de « l'album-phare » : une double-page sur un autre **type de textes** (BD, poésie…), et une double-page sur un auteur, un thème, un personnage…

• Le guide pédagogique présente la mise en œuvre de l'ensemble de la méthode de façon simple, concrète et pratique. Il propose également des pistes de différenciation pour les élèves les plus avancés.

Les auteurs

SOMMAIRE

Rouge !

Le Cerisier

Pictogrammes utilisés dans les consignes

- Barre
- Coche
- Colle
- Colorie
- Compte / Numérote
- Découpe
- Dessine / Complète
- Dis / Réponds / Raconte / Explique
- Écris
- Écoute
- Entoure
- Lis
- Recopie / Complète
- Relie
- Surligne
- Vois / Observe

Qui a peur de quoi ?

Je découvre l'album

1. **Entoure** en **noir** le titre, en **vert** le nom de l'auteur, en **bleu** le nom de l'éditeur sur la couverture de l'album.

2. **Colorie** les illustrations.

3. **Entoure** en **noir** le titre, en **vert** le nom de l'auteur, en **bleu** le nom de l'éditeur sur la page de titre.

4. **Surligne** les mots qui ne sont pas sur la couverture.

5. **Entoure** les nouveaux personnages, ceux qui ne sont pas sur la couverture.

6. **Dessine** un personnage qui pourrait être dans cet album.

Qui a peur de quoi ?

Je comprends l'album

1. **Entoure** en **rouge** le personnage qui n'a peur de rien.
Entoure en **bleu** les personnages qui ont peur.

Éléonore

Lou

Adrien

Grégoire

Basile

Bérengère

Timothée

Mélie

Charlotte

Enzo

2. **Colorie** les peurs présentes dans l'album.

3. **Entoure** ce qui fait peur à Adrien.

Adrien

faire des cauchemars

un monstre

être seul

4. **Colorie** ce qui permet à Adrien de ne plus avoir peur.

sa maman

son doudou

son grand-père

ses copains

son chat

son papa

Qui a peur de quoi ?

Je comprends l'album

1. **Relie** chaque personnage à sa peur.

Grégoire  • • 

Basile  • •

Adrien  • • 

Éléonore  • • 

Enzo  • • 

Bérengère  • • 

Timothée  • • 

2. **Entoure** d'une même couleur le même personnage. Gare aux intrus !

Timothée

Enzo

Grégoire

ENZO

Éléonore

Enzo

GRÉGOIRE

Timothée

BASILE

3. **Dessine** le motif qui convient sur le vêtement de chaque personnage.

 des araignées	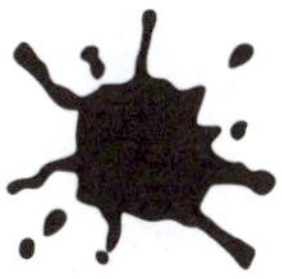 du noir	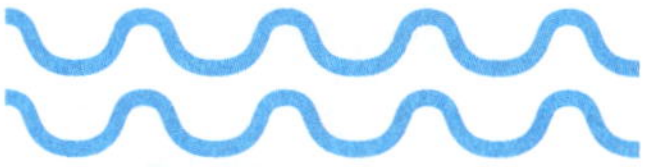 de l'eau

Grégoire

Enzo

Timothée

Qui a peur de quoi ?

Je joue avec les mots

1. **Relie** les prénoms et les mots qui riment.

GRÉGOIRE  • •  DES PILES

BASILE  • •  DES BALANÇOIRES

ÉLÉONORE  • •  DES MOTOS

ENZO  • • 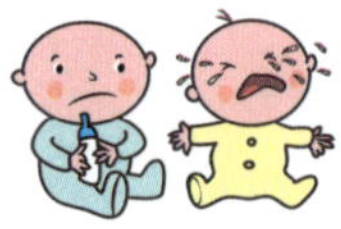 DES BÉBÉS

BÉRENGÈRE  • •  DES PANTHÈRES

TIMOTHÉE  • •  DES CASTORS

J'écris un nouveau texte

2. **Lis** les phrases. Tu peux t'aider des dessins.

ÉLÉONORE A PEUR DES DINOSAURES.

BASILE A PEUR DES CROCODILES.

3. **Écris** un nouveau texte avec les mots qui riment de la page 12.

______________________ A PEUR ______________________________ .

______________________ A PEUR ______________________________ .

4. **Dessine** ton histoire.

Qui a peur de quoi ?

J'apprends de nouveaux mots

1. **Colorie** pour compléter la phrase : « J'ai peur… »

 DES FANTÔMES	 DES DOCTEURS	 DE L'ORAGE	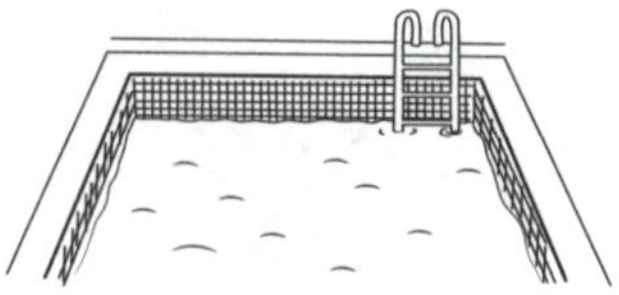 DE LA PISCINE
 DES LOUPS	 DES CHATS	 DES MONSTRES	 DES SORCIÈRES
 DE LA NUIT	 DES JOUETS	 DE LA MAÎTRESSE	 DES CAUCHEMARS

2. **Dessine**, puis **écris** ce qui ne te fait pas peur.

JE N'AI PAS PEUR _______________

____

____

J'écris un nouveau texte

3. **Lis** le texte.

ADRIEN N'A PEUR DE RIEN,

NI DES REQUINS ,

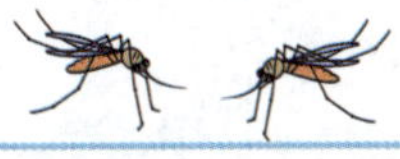

NI DES MOUSTIQUES .

4. **Écris** un nouveau texte avec les mots de la page 14.

ADRIEN N'A PEUR DE RIEN,

NI -- ,

NI -- .

5. **Dessine** ton histoire.

Autour de l'album : la peur

Je découvre un autre texte

LA BOÎTE À PEURS

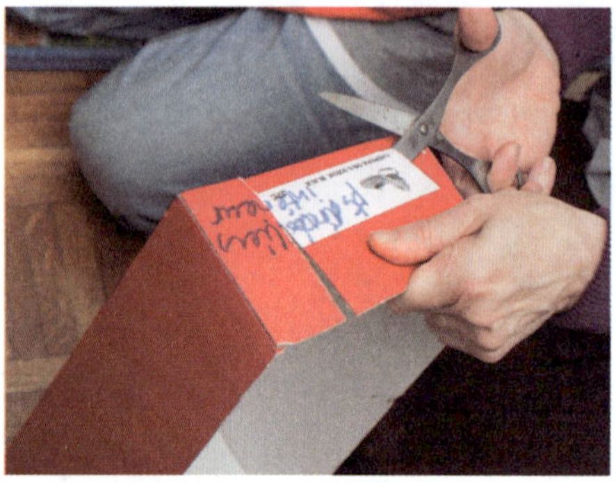

1 Demande à un adulte de t'aider à découper une ouverture dans un des petits côtés de la boîte.

2 Découpe le plateau à œufs et place-le dans la boîte à chaussures.

3 Décore ta boîte pour qu'elle fasse un peu peur.

4 Puis installe à l'intérieur plein d'objets différents.

Pense à mettre des choses surprenantes, comme un morceau de fruit, un caillou...

5 Quand tout est prêt, ferme la boîte et demande à quelqu'un d'y mettre la main. Sans retirer les objets, il devra essayer de reconnaître tout ce qui est caché à l'intérieur.

Youpi j'ai compris, n° 290, novembre 2012, © Bayard Presse.

Je comprends le texte

1. **Coche** la bonne réponse.

Ce texte est :
- ☐ une recette.
- ☐ une notice de fabrication.

2. **Entoure** la liste du matériel qu'il te faut pour réaliser la boîte à peurs.

des œufs
une pointe
de la peinture
du papier
une paire de ciseaux
de la colle

5 attaches parisiennes
Environ 25 cm de ficelle
4 pinces à linge

une boîte à chaussures
un plateau à œufs
une paire de ciseaux
de la peinture
un pinceau

3. **Colorie** ce que tu voudrais mettre à l'intérieur de ta boîte à peurs.

 une bogue	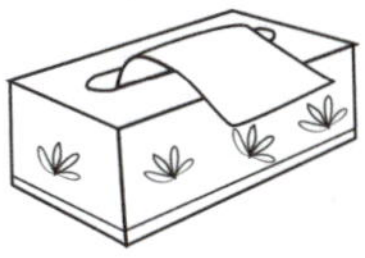 un mouchoir	 des plumes	 une clémentine
 des jouets	 des cailloux	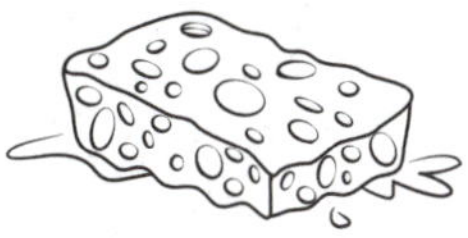 une éponge	 des billes

4. À l'aide de la notice, **fabrique** ta boîte à peurs.

Autour de l'album : la peur

Je découvre un autre texte

1. **Lis** ce texte.

Le monstre biscornu

Torse velu
Jambes tordues
Pattes griffues
Queue fourchue
Et dos bossu
Le reconnais-tu
Ce monstre biscornu ?

Cheveux touffus
Menton barbu
Nez crochu
Dents pointues
Oreilles poilues

Je l'ai reconnu
C'est Grifoubachu !

2. **Entoure** la bonne queue, le bon nez, les bonnes dents et les bonnes oreilles de Grifoubachu.

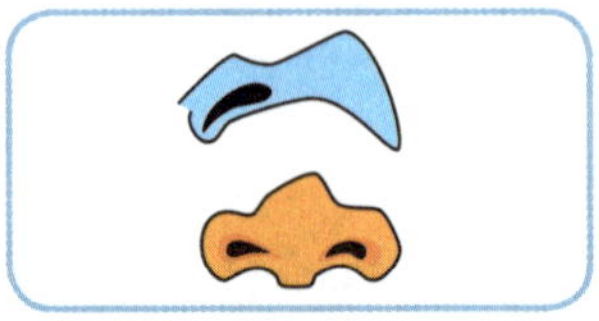
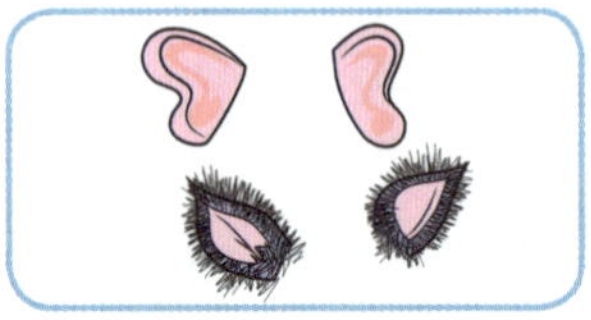
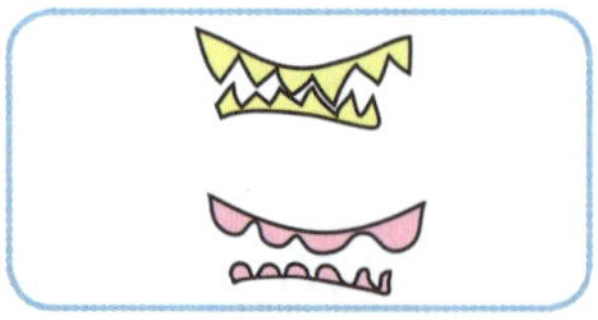

3. **Complète** le dessin.

Je découvre d'autres livres qui font peur

3. **Coche** la couverture qui te fait le plus peur.

Une histoire sombre, très sombre ☐

Par une sombre nuit de tempête ☐

Il y a un cauchemar dans mon placard ☐

L'orage ☐

4. **Entoure** les bonnes réponses.

- Quand a-t-on le plus peur ?

le matin

le midi

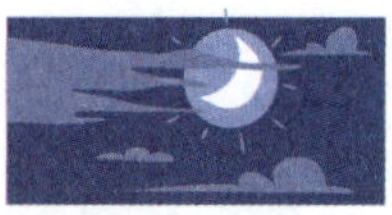
la nuit

- Qu'est-ce qui fait peur ?

un chat

un monstre

l'orage

une souris

la tempête

- Où peut-on avoir peur ?

sa chambre

la cuisine

un château

la forêt

- Quelles couleurs font le plus peur ?

rose

noir

vert

marron

multicolore

L'ours

J'apprends de nouveaux mots

1. **Surligne** dans chaque boîte le mot qui convient pour décrire l'ours brun.

- fourrure / plumes
- pattes / ailes
- griffes / doigts

- omnivore / herbivore
- mammifère / oiseau
- protégé / chassé

2. **Lis** et **complète** en t'aidant des mots illustrés.

- C'est le papa. ____________________
- C'est le petit. ____________________
- C'est la maman. ____________________

3. **Colorie** le lieu ou les lieux de vie de l'ours.

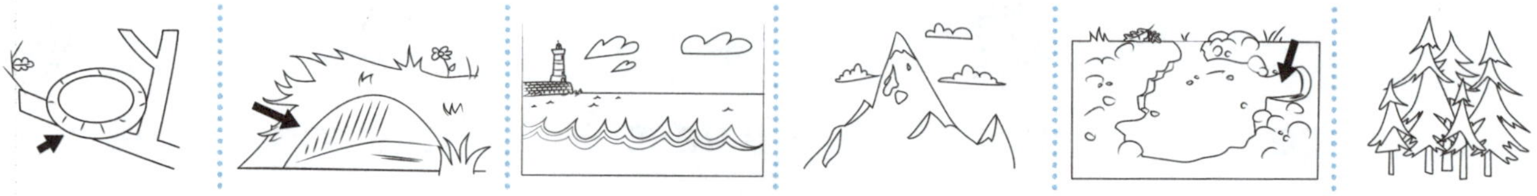

J'écris un nouveau texte

4. **Complète** pour décrire le « cousin » de l'ours brun : l'ours polaire. **Aide**-toi des mots de la page 20.

5. **Dessine** le lieu de vie de l'ours polaire.

6. **Ajoute** dans ton dessin **un ourson** et **une ourse**.

L'ours

Je découvre le documentaire

1. **Entoure** la première de couverture en **orange** et la quatrième de couverture en **violet**.

2. **Entoure** en **rouge** les indices qui montrent que c'est un documentaire sur l'ours.

3. **Surligne** le titre du documentaire chaque fois que tu le vois.

L'ourse	L'ours	L'ourson	L'aigle
L'ours	Loup	L'OURS	L'OIE

4. **Coche** seulement les photographies.

 ☐
 ☐
 ☐
 ☐
 ☐
 ☐
 ☐
 ☐

5. **Écris** le numéro de la page du livre où tu peux voir chaque photographie.

page ____

page ____

page ____

page ____

L'ours

Sommaire, p. 3

Je découvre le sommaire

1. **Entoure** chaque partie du documentaire de la couleur qui convient, comme dans le livre.

SOMMAIRE

L'ours en automne	page 4
L'ours en hiver	page 10
L'ours au printemps	page 16
L'ours en été	page 20

2. **Compte** le nombre de parties dans le documentaire. ________

3. **Entoure** les mots identiques au modèle.

automne	hiver	printemps	été
autour	hiver	longtemps	été
automne	hibou	princesse	télé
autocar	chiner	printemps	été
automne	hiver	printemps	école

4. **Colorie** avec les couleurs des saisons les pages de chaque partie du documentaire.

1	2	3	4	5	6	7	8	9	10	11	12	13	14	15	16	17	18	19	20	21	22	23	24

Je comprends le sommaire

5. **Relie** chaque photographie à sa partie et aux pages correspondantes.

	L'ours en automne	pages 10 à 15
	L'ours en hiver	pages 4 à 9
	L'ours au printemps	pages 20 à 24
	L'ours en été	pages 16 à 19

6. **Écris V** si c'est vrai et **F** si c'est faux.

Je peux trouver des informations sur :

- ○ l'ours au printemps à la page 14. ______
- ○ l'ours en automne à la page 23. ______
- ○ l'ours en été à la page 20. ______
- ○ l'ours en hiver aux pages 10 à 15. ______
- ○ l'ours en automne à la page 4. ______

L'ours

Épisode 1, pp. 4 à 9

Je découvre le texte

1. **Lis** et **entoure** selon le code.

qui ? quand ?
quoi ? où ?

L'ours en automne

L'ours mange des animaux.
Il mange aussi des plantes.
L'ours mange beaucoup, beaucoup.
Il grossit, grossit.

2. **Relie** les mots aux images.

l'ours •

l'automne •

• 

• 

des animaux •

des plantes •

• 

• 

3. **Entoure** d'une même couleur les mots identiques.

des animaux l'automne

l'ours l'automne des plantes

des animaux des plantes l'ours

Je comprends le texte

4. **Écris** une phrase pour décrire cette image.

5. **Relie** le texte à la bonne photographie.

L'ours grossit, grossit. •

L'ours mange, mange. •

6. **Entoure** ce que mange l'ours dans le documentaire.
Écris ce qu'il mange.

Épisode 1, pp. 4 à 9

J'apprends de nouveaux mots

1. **Entoure** ce que mangent les ours.

des fraises

des noix

de la pizza

des insectes

des frites

du miel

de l'herbe

des myrtilles

du poisson

des crêpes

des glands

des mulots

2. **Entoure** les mots des animaux en **rouge**, les mots des plantes en **vert clair** et les mots des fruits en **vert foncé**.

3. **Recopie** 2 mots par colonne dans le tableau.

Les animaux	Les plantes	Les fruits

J'écris un nouveau texte

4. Lis.

L'ours mange des animaux.

Il mange aussi des plantes.

5. Écris un nouveau texte avec les mots de la page 28.

L'ours mange ______________________.

Il mange aussi ______________________.

6. Dessine ton texte.

L'ours

Épisode 2, pp. 10 à 15

Je découvre le texte

1. **Lis** et **entoure** selon le code.

qui ? quand ?
quoi ? où ?

L'ours en hiver

L'ours est dans sa tanière.
Il dort beaucoup, beaucoup.
La maman ourse attend un bébé.
Un ourson est né !
Il tète le lait de sa maman.

2. **Relie** les mots aux images.

l'automne •

l'hiver •

• l'ourson

• la maman ourse

• le bébé ours

3. **Entoure** le mot identique au modèle.

tanière	ourse	ourson	tète
tanin	ours	ours	tête
panière	ourson	ourson	tète
tanière	ourse	ourse	têtu

Je comprends le texte

4. **Relie** la phrase qui correspond à chaque image.

L'ourson tète. •

L'ourson dort. •

• 

• 

5. **Entoure** la phrase qui correspond à l'image.

- L'ours vit dans la ville.
- L'ours vit dans son fossé.
- L'ours vit dans sa tanière.

6. **Complète** le texte du documentaire avec les mots suivants.

ourse – dort – hiver – ourson – tète – tanière

- ○ L'ours en ______________.
- ○ L'ours est dans sa ______________.
- ○ Il ______________ beaucoup, beaucoup.
- ○ La maman ______________ attend un bébé.
- ○ Un ______________ est né !
- ○ Il ______________ le lait de sa maman.

J'apprends de nouveaux mots

1. **Entoure** les animaux qui vivent à la montagne.

le chameau

l'aigle

le loup

le skieur

le lièvre

la marmotte

le chamois

l'ours

le crabe

2. **Relie** chaque animal à « sa maison ».

l'aigle •

le chamois •

la marmotte •

le loup •

le lièvre •

•  un terrier

•  un nid

•  une tanière

•  les rochers

J'écris un nouveau texte

3. **Lis.**

L'ours est dans une tanière.

4. **Écris** un nouveau texte avec les mots de la page 32.

- ○ ____________________ est dans ____________________.
- ○ ____________________ est dans ____________________.
- ○ ____________________ est dans ____________________.

5. **Dessine** ton texte.

L'ours

Épisode 3, pp. 16 à 19

Je découvre le texte

qui ? quand ?
quoi ? où ?

1. **Lis** et **entoure** selon le code.

L'ours au printemps

L'ourson a grandi.
Il sort pour jouer.
Il sort aussi pour chasser
et pêcher avec sa maman.
Elle est toujours là pour le protéger.

2. **Entoure** le mot identique au modèle.

ourson	ourse	petit	printemps
ours nounours ourson ourse	ours nounours ourson ourse	pêcher petite petit peton	princesse printemps temps printanier

3. **Relie** le début et la fin des phrases.

L'ourson •
La maman ourse •

• sort pour jouer.
• sort pour pêcher avec sa maman.
• est là pour le protéger.
• a grandi.

Je comprends le texte

4. **Entoure** ce qui est vrai pour compléter chaque phrase du documentaire.

○ C'est — l'hiver. / le printemps.

○ L'ourson / La maman ourse — a grandi.

○ L'ourson sort pour — jouer. / chasser. / pêcher.

○ La maman ourse est toujours là pour le — punir. / protéger.

5. **Écris** ce que font les personnages.

○  L'ourson sort pour ______________________.

○  L'ourson sort pour ______________________.

○  L'ourson sort pour ______________________.

○  La maman ourse est là pour le ______________________.

J'apprends de nouveaux mots

1. **Relie** les animaux à leurs petits.

l'ourse

la renarde

la laie

la louve

la biche

le renardeau

le faon

le marcassin

l'ourson

le louveteau

J'écris un nouveau texte

2. **Lis.**

L'ourson sort pour jouer.

L'ourse est toujours là pour le protéger.

3. **Écris** un nouveau texte avec les mots de la page 36.

__________________ sort pour jouer.

__________________ est toujours là pour le protéger.

4. **Dessine** ton texte.

L'ours

Épisode 4, pp. 20 à 24

Je découvre le texte

1. **Lis** et **entoure** selon le code.

qui ? quand ?
quoi ? où ?

L'ours en été

Il fait chaud dans la montagne.
L'ours nage dans les lacs et les rivières.
Il grimpe aux arbres.
L'ours vit seul.
Il se repose.
L'ours se prépare pour l'hiver qui arrive…

2. **Entoure** d'une même couleur les mots identiques.

chaud arbre nage

montagne grimpe

rivière montagne grimpe

arbre lac

lac nage rivière chaud

Je comprends le texte

3. **Entoure** la phrase correspondant à l'image.

- L'ours grimpe aux cheminées.
- L'ours grimpe aux arbres.
- L'ours grimpe aux rivières.
- L'ours grimpe aux montagnes.

4. **Écris** *vrai* ou *faux*.

- ○ Il fait chaud l'été. ____________
- ○ L'ours vit à la montagne. ____________
- ○ L'ours vit avec son père et sa mère. ____________
- ○ L'été, l'ours vit dans sa tanière. ____________

5. **Écris** le nom de chaque saison au bon endroit.

le printemps – l'hiver – l'été – l'automne

J'apprends de nouveaux mots

1. **Entoure** en **rouge** les mots qui correspondent à des actions que pourrait faire un animal.

Un animal…

court

parle

mange

boit

skie

grimpe

s'habille

lit

dort

écrit

marche

se lave

nage

joue

saute

chasse

J'écris un nouveau texte

2. **Lis** les légendes des photographies.

L'ours polaire se repose.

L'ours polaire mange.

L'ours polaire nage.

3. **Écris** les légendes des photographies avec les mots de la page 40.

____

____

____

Autour du documentaire : des magazines

Je découvre un magazine

1. **Lis.**

2. **Compare** ce document avec la couverture du documentaire « L'ours ».

3. **Entoure :**

- le nom du magazine en **rouge** ;
- le numéro et la date de parution en **bleu** ;
- l'âge des lecteurs en **violet** ;
- les titres à la une en **vert**.

4. **Coche** uniquement les couvertures de magazines.

☐

☐

☐

☐

5. **Entoure** les différents éléments des couvertures de magazine selon le code couleur de la page 42.

Autour du documentaire : l'ours

Je découvre un autre texte

1. **Écoute** et **apprends** cette comptine.

Cinq petits ours

Cinq petits ours à la rivière,
S'en allaient se débarbouiller.
Ils se posaient sur leur derrière,
Et se frottaient le bout du nez.

Et splouf et splach,
Et floc, floc, floc.
Brouhouh !
Frottez, lavons,
Lavez, frottons,
Qu'ils sont mignons les petits oursons
Entourés de bulles de savons !

2. **Numérote** les dessins dans l'ordre de la comptine.

3. **Entoure** les documentaires en **gris** et les histoires en **orange**.

4. **Coche** les histoires dans lesquelles l'ours est tendre et doux comme un nounours. **Justifie** ton choix.

Veux-tu être mon ami ?

Je découvre l'album

1. **Relie** ce qui va ensemble.

le titre

la collection

l'illustration

le code-barres

l'auteur

l'éditeur

2. **Entoure** la première de couverture en orange et la quatrième de couverture en violet.

Entoure en jaune le personnage principal.

3. **Complète** les étiquettes. **Aide**-toi des mots de la page 46.

Veux-tu être mon ami ?

Épisode 1, pp. 4 à 9

Je découvre le texte

qui ? quand ?
quoi ? où ?

1. **Lis** et **entoure** selon le code.

Souris verte est triste.

Personne à qui parler. Personne à qui faire une bise !

– On ne veut pas être ton amie, lui disent les souris grises.

Alors un jour, Souris verte glisse dans son baluchon

un morceau de fromage, un cornichon et

une rondelle de saucisson.

Et la voilà partie à la recherche d'un ami !

2. **Relie** les mots aux images.

Souris verte •

les souris grises •

un baluchon •

• une rondelle de saucisson

• un morceau de fromage

• un cornichon

Je comprends le texte

3. **Surligne** ce qui correspond aux personnages.

La souris est :
- verte.
- grise.
- triste.
- seule.

Les souris sont :
- vertes.
- grises.
- tristes.
- seules.

4. **Écris** *vrai* ou *faux*.

○ Souris verte est triste.

○ Souris verte a des amis.

○ Dans son baluchon, il y a un cornichon.

○ Dans son baluchon, il y a une souris.

○ Il y a une rondelle de salami dans son baluchon.

5. **Entoure** le dessin qui convient.

Souris verte glisse dans son baluchon un morceau de fromage, un cornichon et une rondelle de saucisson.

J'apprends de nouveaux mots

1. **Colorie** les bagages.

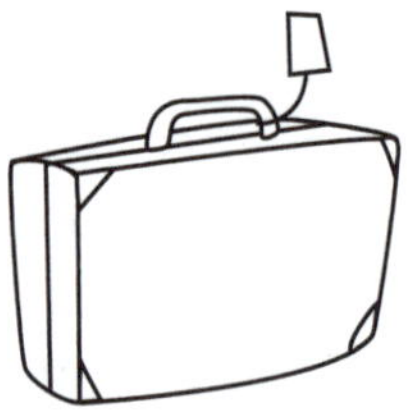
sa valise

son armoire

son baluchon

son panier

son sac

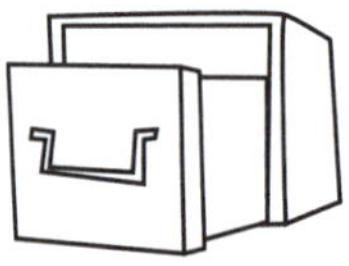
son tiroir

son sac à dos

sa commode

2. **Entoure** les aliments que Souris verte glisse dans son baluchon.

un cornichon

du raisin

un melon

une rondelle de saucisson

un radis

un baluchon

un morceau de fromage

un gâteau

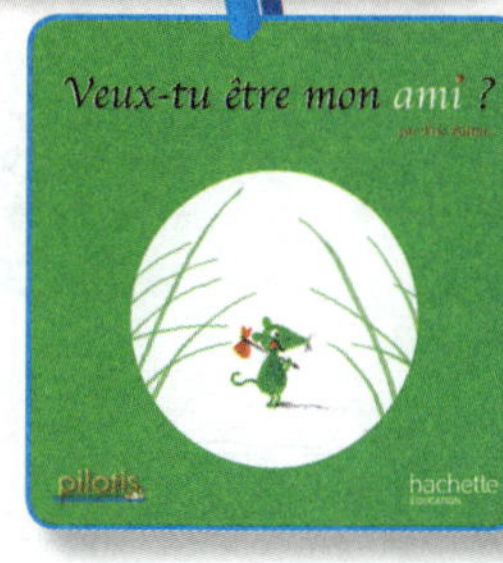

J'écris un nouveau texte

3. **Lis.**

Alors un jour, Souris verte glisse

dans *son baluchon* *un morceau de fromage*,

un cornichon et *une rondelle de saucisson*.

4. **Écris** un autre texte. **Aide**-toi des mots de la page 50.

Alors un jour, Souris verte glisse

dans ____________ ____________,

____________ et ____________.

5. **Dessine** ton histoire.

Veux-tu être mon ami ?

Épisode 2, pp. 10 à 13

Je découvre le texte

1. **Lis** et **entoure** selon le code.

qui ? quand ?
quoi ? où ?

Souris verte rencontre une sauterelle.

– Tu es verte toi aussi, veux-tu être mon amie ?

– Non, je ne veux pas, dit la sauterelle qui bondit.

Souris verte rencontre une grenouille.

– Tu es verte toi aussi, veux-tu être mon amie ?

– Non, je ne veux pas, dit la grenouille
qui plonge dare-dare dans la mare.

2. **Entoure** les mots identiques au modèle.

sauterelle	grenouille	mare	plonge	bondit
sauterelle sautiller sauterelle	grenouille grenouillère grelotter	mare mardi mare	plongeur plonge plongée	bondit bandit bondit

3. **Relie** le début et la fin des phrases.

Souris verte •
La grenouille •
La sauterelle •

• rencontre une sauterelle.
• bondit.
• rencontre une grenouille.
• plonge.

Je comprends le texte

4. **Recopie** les mots sous les dessins.

les souris – un ours – une sauterelle
un panda – la souris – une grenouille

5. **Entoure** la bonne réponse.

○ Souris verte rencontre
- un mulot.
- une grenouille.

○ La sauterelle
- bondit.
- plonge.

○ La grenouille plonge
- dans le baluchon.
- dans la mare.

6. **Lis** et **complète** avec les mots.

amies – sauterelle – grenouille – animaux

○ Souris verte rencontre une ________

et une ________ .

○ Elle veut des ________ .

○ Mais les ________ s'en vont !

J’apprends de nouveaux mots

Épisode 2, pp. 10 à 13

1. **Colorie** en vert les animaux qui sont verts.

hérisson

coccinelle

rainette

mante religieuse

punaise

chenille

fourmi

tortue d’eau

poussin

2. **Entoure** ce qu’un animal peut faire.

nage

lit

court

rampe

se cache

grimpe

marche

s’habille

J'écris un nouveau texte

3. **Lis.**

Souris verte rencontre une *sauterelle*.

– Tu es verte toi aussi, veux-tu être mon amie ?

Non, je ne veux pas, dit la *sauterelle* qui *bondit*.

4. **Écris** un autre texte. **Aide**-toi des mots de la page 54.

Souris verte rencontre une ______.

– Tu es verte toi aussi, veux-tu être mon amie ?

Non, je ne veux pas, dit la ______

qui ______.

5. **Dessine** ton histoire.

Veux-tu être mon ami ?

Je découvre le texte

1. **Lis** et **entoure** selon le code.

- qui ?
- quoi ?
- quand ?
- où ?

Souris verte rencontre un caméléon.
– Tu es vert toi aussi, veux-tu être mon ami ?
– Non, je ne veux pas, dit le caméléon qui disparaît d'un bond.
Souris verte en a assez. Elle s'arrête de marcher.
Oh ! La belle fleur !

2. **Entoure** la nouvelle rencontre de Souris verte.

la sauterelle

le caméléon

la grenouille

les souris grises

3. **Relie** le texte à son illustration.

Souris verte en a assez. Elle s'arrête de marcher.

Je comprends le texte

4. **Relie** pour faire trois phrases, puis **recopie** deux phrases.

Le caméléon •	• rencontre •	• un caméléon.
Souris verte •	• s'arrête •	• d'un bond.
Elle •	• disparaît •	• de marcher.

•

•

5. **Écris** une réponse aux questions avec les mots suivants.

le caméléon – Souris verte – les souris grises – la fleur

○ Qui rencontre un caméléon ?

C'est .

○ Qui est belle ?

C'est .

○ Qui disparaît d'un bond ?

C'est .

6. **Relie.**

mon ami •	• la sauterelle
	• le caméléon
mon amie •	• la grenouille

J'apprends de nouveaux mots

Épisode 3, pp. 14 à 17

1. **Recopie** les couleurs.

rouge

mauve

kaki

rose

marron

turquoise

orange

beige

jaune

multicolore

2. **Relie** chaque animal à sa couleur.

 • • rouge

 • • rose

 • • mauve

 • • marron

 • • multicolore

orange • • 

turquoise • • 

kaki • • 

jaune • • 

beige • • 

J'écris un nouveau texte

3. **Lis.**

Souris verte rencontre un caméléon.

– Tu es vert toi aussi, veux-tu être mon ami ?

– Non, je ne veux pas, dit le caméléon qui disparaît d'un bond.

4. **Écris** une nouvelle histoire en changeant les couleurs des personnages. **Aide**-toi des mots de la page 58.

– Non, je ne veux pas, dit le caméléon qui disparaît d'un bond.

5. **Dessine** ton histoire.

Veux-tu être mon ami ?

Épisode 4, pp. 18 à 21

Je découvre le texte

1. **Lis** et **entoure** selon le code.

qui ? quoi ? quand ? où ?

Mais voilà un éléphant !

– Tu es vert toi aussi, veux-tu être mon ami ?

– Oui, dit l'éléphant d'une toute petite voix.

Souris verte, ravie, lui offre sa fleur très jolie.

Puis ils restent assis un long moment, sans rien dire.

Comme des amis.

2. **Barre** l'intrus, celui qui n'est pas dans l'histoire.

3. **Numérote** les rencontres de Souris verte dans l'ordre de l'histoire.

Je comprends le texte

4. Qui veut être ami avec Souris verte ? **Écris** la réponse de chaque animal à Souris verte : *oui* ou *non*.

5. **Entoure** la phrase qui a le même sens que la phrase-modèle.

L'éléphant parle d'une toute petite voix.	Souris verte est ravie.
L'éléphant crie.	Souris verte est triste.
L'éléphant chuchote.	Souris verte est contente.

6. **Lis** et **complète** avec les mots qui conviennent.

assis – gris – ravie – jolie – vert – amis – triste

- Souris verte rencontre un éléphant ______.
- Elle lui offre une ______ fleur, la souris est ______.
- Souris verte et l'éléphant restent ______ sans rien dire, comme des ______.

Épisode 4, pp. 18 à 21

J'apprends de nouveaux mots

1. **Lis**, puis **coche** la bonne réponse.

l'éléphant

Je suis ☐ un reptile.
☐ un mammifère.

le caméléon

Je suis ☐ un reptile.
☐ un mammifère.

2. **Écris** les mots à côté du bon animal.

petit – énorme – reptile – mammifère – vert – gris

○ l'éléphant → ______

○ le caméléon → ______

3. **Écris** J'ai ou Je suis.

○  ______ des petits yeux ronds.

○  ______ énorme.

○  ______ gris.

○  ______ des grandes oreilles.

J'écris un nouveau texte

4. **Lis** avec de l'aide et **complète**.

Je suis de la famille des reptiles.
Je suis vert, mais aussi multicolore.
Je suis petit.
J'ai des gros yeux ronds et une longue queue.
Qui suis-je ?

Je suis ______________________.

5. **Écris** un nouveau texte avec les mots de la page 62.

Je suis de la famille des ______________________.

Je suis ______________________.

Je suis ______________________.

J'ai ______________________.

Qui suis-je ?

Je suis ______________________.

6. **Dessine** l'animal que tu viens de décrire.

Veux-tu être mon ami ?

Épisode 5, pp. 22 à 27

Je découvre le texte

1. **Lis** et **entoure** selon le code.

qui ? quand ?
quoi ? où ?

– Oh ! Mais tu es tout gris maintenant !
Tu n'es plus vert du tout ! dit la souris.
– Heu… dit l'éléphant, tout à l'heure, j'étais vert de peur…
Parce que j'ai peur des souris…
– Ah bon ? dit la souris.
– Oui, enfin… Maintenant je n'ai plus peur.
Et toi, tu es mon amie !
– Que c'est bon d'avoir un ami !

2. **Entoure** les mots identiques au modèle.

maintenant	tout à l'heure	peur	c'est bon
maintenir	c'est l'heure	beurre	c'est bon
maintenu	tout à l'heure	peureux	c'est rond
maintenant	tout de suite	peur	c'est long
maintien	tout à l'heure	fleur	ah bon

3. **Relie** pour faire des phrases.

Mais • • j'étais vert de peur…
Tout à l'heure • • je n'ai plus peur.
Maintenant • • tu es tout gris.

Je comprends le texte

4. **Complète** avec le bon personnage :
Souris verte ou *l'éléphant*.

- ○ « Tu es tout gris maintenant ! » dit ______________.
- ○ « Maintenant, je n'ai plus peur. » dit ______________.
- ○ « J'étais vert de peur… » dit ______________.
- ○ « Tu n'es plus vert du tout ! » dit ______________.
- ○ « Et toi, tu es mon amie ! » dit ______________.
- ○ « Que c'est bon d'avoir un ami ! » dit ______________.

5. **Relie** chaque phrase au dessin qui convient.

L'éléphant est tout gris. •

L'éléphant n'est plus vert du tout. •

L'éléphant est vert de peur. •

L'éléphant n'a plus peur. •

L'éléphant n'est pas gris du tout. •

• 

• 

Je construis un résumé

1. **Découpe** et **colle** les étiquettes pour reconstituer un résumé de l'album.

Faire manipuler les étiquettes des phrases disponibles sur Internet.

○

○

○ Elle rencontre une sauterelle, une grenouille et un caméléon.
Mais, personne ne veut être son ami.

○

○

2. **Dessine** ton moment préféré de l'histoire.

J'écris un résumé

3. **Recopie** tout le résumé ou une partie du résumé.

4. **Imagine** et **dessine** ce qui va se passer après.

Autour de l'album : l'auteur

Je découvre l'auteur : Éric Battut

Je m'appelle Éric Battut.
Je suis l'auteur et l'illustrateur
de nombreux albums.
J'adore les animaux et les histoires
qui finissent bien.

1. **Lis** la bulle avec de l'aide et **entoure** les métiers d'Éric Battut.

2. **Relie** chaque titre à sa couverture.

Oh ! La belle lune	Ce petit pois-là	Le petit poisson rouge
Le renard et la poulette	Chouette !	La noisette

3. **Entoure** les couvertures des deux autres albums où l'on retrouve Souris verte.

Je découvre des livres d'Éric Battut

Veux-tu être mon ami ?

Souris verte cherche un ami vert comme elle. Elle rencontre des souris grises, une grenouille, une sauterelle, un caméléon et un éléphant.

Deux oiseaux

Un petit oiseau est seul et immobile dans le froid. Un autre oiseau le réchauffe et lui apprend la vie.

Rouge Matou

Rouge Matou est un gros chat. Il trouve un œuf. Un oiseau sort de l'œuf, grandit et grossit aidé par le chat.

Jules et César

Le chien César lit l'annonce de Jules dans le journal. Jules est aussi un chien : il cherche un bon maître.

4. **Surligne** les noms des personnages dans les résumés.

5. **Écris** le nom du personnage que tu aimerais avoir pour ami.

Autour de l'album : l'amitié

Je découvre un autre texte

Recherche

L'Ours Barnabé, Intégrale vol. 1 (p. 32) de Philippe Coudray, © éditions La Boîte à Bulles.

Je comprends le texte

1. Complète la phrase.

un conte – une affiche – une comptine
une bande dessinée – une chanson

Ce document s'appelle .

2. Écris le titre de ce document.

3. Coche les personnages.

- ❑ un éléphant gris
- ❑ un lapin jaune
- ❑ un loup gris
- ❑ un ours marron
- ❑ un ours jaune
- ❑ une souris verte

4. Entoure la bonne réponse.

- C'est l'hiver. / l'été.
- Il tombe de la neige. / de la pluie.
- Un ours et un lapin cherchent un ami. / un abricot. / un abri.

5. Écris une phrase pour répondre.

- Qui trouve un abri ?

C'est .

- Où le lapin s'abrite-t-il ?

Il s'abrite sous .

Autour de l'album : l'amitié

Je découvre des œuvres d'art

1. **Observe** deux œuvres de Robert Doisneau.

Le petit train de chaises, Paris

Le remorqueur du Champ de Mars, Paris

2. **Réponds** aux questions suivantes.

- Comment appelle-t-on ces œuvres ?
- Que voit-on sur chaque photographie ?
- Où ces photographies ont-elles été prises ?

3. **Entoure** en **bleu** à quoi jouent les enfants sur les photographies et en **vert** à quoi tu joues avec tes amis.

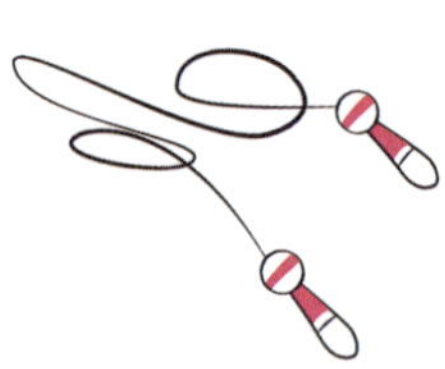
à la corde à sauter

au vélo

au petit train

aux rollers

au ballon

aux cartes

aux billes

au loup

4. **Lis** et **complète** les phrases. **Aide**-toi des mots de la page 72.

○ Les enfants jouent ______________________,
______________________ et ______________________.

○ Avec mes amis, je joue ______________________,
______________________ et ______________________.

5. **Dessine** ton texte.

Rouge !

Je découvre l'album

1. **Complète** pour légender les pages de couvertures de l'album.

l'illustrateur – le résumé – la collection –
l'auteur – le titre – l'éditeur

2. **Lis** le résumé et **entoure** selon le code.

- qui ? (jaune)
- quoi ? (rouge)
- quand ? (bleu)
- où ? (vert)

Il était une fois	Cette petite mamie
tout au fond d'un bois	passait ses journées
une bien jolie	à tricoter, tricoter,
petite mamie.	surtout pour sa petite-fille…

3. **Colorie** les réponses.

○ Quels sont les personnages de cette histoire ?

une mamie

un papi

une petite fille

un loup

○ Où se passe l'histoire ?

dans une cabane

au fond d'un bois

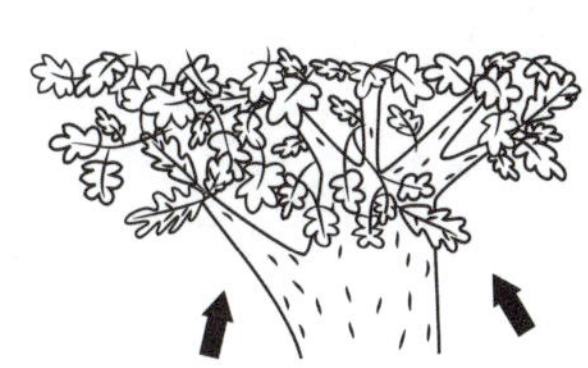
sous un arbre

○ Que fait la petite mamie ?

Elle coupe du bois.

Elle coud.

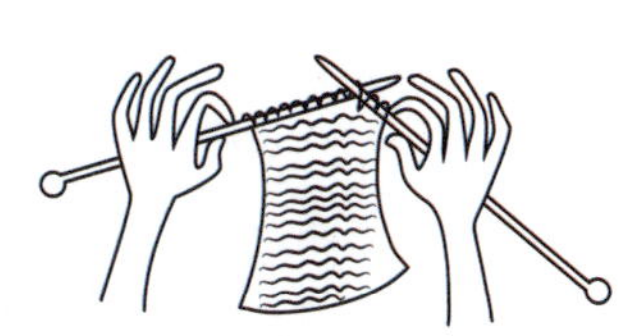
Elle tricote.

Rouge !

Épisode 1, pp. 4 à 9

Je découvre le texte

1. **Lis** et **entoure** selon le code.

qui ? quand ?
quoi ? où ?

Il était une fois, tout au fond d'un bois,
une bien jolie petite mamie.
Elle avait les joues rouges, un très beau rosier rouge,
une ravissante robe rouge et même des rideaux rouges.
C'était sa couleur adorée.
Cette petite mamie passait ses journées à tricoter, tricoter,
surtout pour sa petite-fille.

2. **Entoure** les bonnes réponses.

Qui ?	Où ?
la petite-fille la maman la petite mamie la grand-mère	au fond d'une grotte chez la mamie chez la petite-fille tout au fond d'un bois
Quand ?	**Quoi ?**
une fois un jour ses journées ses années	Elle trie. Elle tricote. Elle triche. Elle coud.

Je comprends le texte

3. **Relie** les mots aux images. Gare aux intrus !

les joues rouges •

un manteau rouge •

une robe rouge •

un nez rouge •

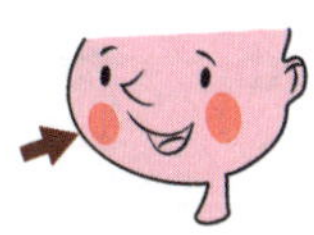

• une fenêtre rouge

• des rideaux rouges

• un rosier rouge

• les volets rouges

4. **Entoure** la suite de la phrase qui pourrait convenir.

Elle avait les joues rouges, un très beau rosier rouge,
une ravissante robe rouge et même des rideaux rouges…

car
- la petite mamie avait trop chaud.
- la petite mamie adorait sa petite-fille.
- le rouge était sa couleur préférée.

5. **Écris** une phrase pour répondre à chaque question.

○ Qui adore la couleur rouge ?

○ Que fait la petite mamie toute la journée ?

J'apprends de nouveaux mots

1. **Relie** comme il convient.

un bien joli petit papi

une bien jolie petite mamie

2. **Complète** avec le mot de ton choix, puis **relie** à l'illustration qui convient.

beaux – splendides – ravissants – superbes

des ______ lilas bleus

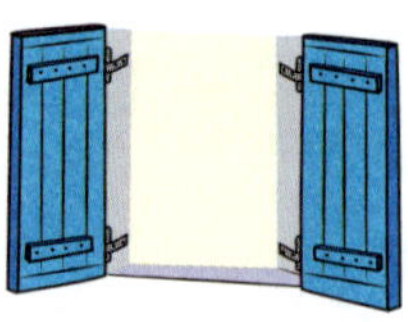

des ______ souliers bleus

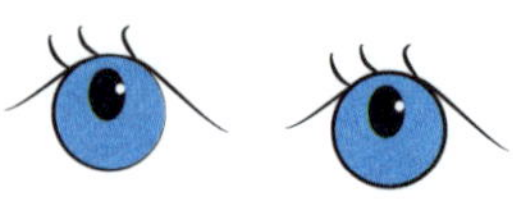

des ______ yeux bleus

des ______ volets bleus

3. **Entoure** ce que pourrait faire le petit papi.

Il passait ses journées à…

pêcher	jardin	chasser	lapin
rêver	bois	couleur	jardiner

J'écris un nouveau texte

4. **Lis** le texte de l'album et **surligne** ce qu'on peut garder pour écrire un texte avec le papi qui adore le bleu.

> Il était une fois, tout au fond d'un bois,
> une bien jolie petite mamie.
> Elle avait les joues rouges, un très beau rosier rouge,
> une ravissante robe rouge et même des rideaux rouges.
> C'était sa couleur adorée.
> Cette petite mamie passait ses journées à tricoter, tricoter,
> surtout pour sa petite-fille.

5. **Écris** un nouveau texte avec le papi, qui adore la couleur bleue. **Aide**-toi des mots de la page 78.

Rouge !

Épisode 2, pp. 10 à 17

Je découvre le texte

1. **Lis** et **entoure** selon le code.

qui ? — quand ? — quoi ? — où ?

Tricoti, tricotin, au premier matin, elle lui offre deux belles chaussettes pour qu'elle aille jouer dans l'herbe.
Mais voilà qu'attaque une bande de limaces qui croit apercevoir des amas de fraises des bois !
Tricoti, tricotin, au deuxième matin, elle lui offre deux gants mignons pour ramasser les champignons.
Mais elle voit s'élancer des lapins de leur terrier :
ils pensent avoir trouvé les dernières pommes de l'année !

2. **Entoure** les bonnes réponses.

Qui ?	Où ?
des bandits des lapins la petite-fille la petite mamie des limaces un renard	dans le bois un arbre dans l'herbe un terrier
Quand ?	**Quoi ?**
au deuxième matin lundi maintenant au premier matin	La mamie a tricoté un bonnet. La mamie a tricoté des chaussettes. La mamie a tricoté des gants. Une bande de limaces attaque.

Je comprends le texte

3. **Entoure** le dessin qui correspond à chaque phrase.

○ La mamie les offre au premier matin. 

○ C'est pour aller ramasser les champignons. 

○ Des lapins pensent que ce sont les dernières pommes de l'année. 

○ La mamie les offre au deuxième matin. 

○ Une bande de limaces les attaque. 

○ C'est pour aller jouer dans l'herbe. 

4. **Colorie** chaque « elle » de la couleur du personnage désigné.

la petite mamie — la petite fille

○ **Elle** lui offre deux belles chaussettes pour qu'**elle** aille jouer dans l'herbe.

○ **Elle** lui offre deux gants mignons.

○ Mais **elle** voit s'élancer des lapins de leur terrier.

5. **Écris** une phrase pour répondre à chaque question.

○ Quand la petite fille reçoit-elle ses belles chaussettes ?

○ Qu'offre la petite mamie à sa petite-fille au deuxième matin ?

Épisode 2, pp. 10 à 17

J'apprends de nouveaux mots

1. **Complète** ou **coche** comme il convient.

- Le **premier** est ______________________.
- La **deuxième** est ______________________.
- La **troisième** est ______________________.
- Dalila est la **quatrième**. Vrai ☐ Faux ☐
- Tom est le **cinquième**. Vrai ☐ Faux ☐
- Lucie est la **sixième**. Vrai ☐ Faux ☐
- Sam est le **septième**. Vrai ☐ Faux ☐
- Sam est le **dernier**. Vrai ☐ Faux ☐

2. **Colorie** le mot qui a le même sens que le mot en gras.

- La petite mamie **pense** [tricote / songe] à sa petite-fille.
- La limace **voit** [aperçoit / ramasse] une pomme.
- La petite fille **offre** [croque / donne] une pomme à la limace.
- La petite fille **joue** [s'ennuie / s'amuse] avec sa grand-mère.

J'écris un nouveau texte

3. **Lis** les pages du calendrier. **Raconte** ce qui se passe.

lundi

mardi

mercredi

jeudi

vendredi

samedi

dimanche

4. **Écris** pour compléter. **Aide**-toi des mots de la page 82.

○ Lundi, ______________________________.

○ Au deuxième jour, ______________________________.

○ ______________ une bande de limaces attaque un champignon.

○ Au quatrième jour, ______________________________.

○ ______________________ le lapin tricote une chaussette.

○ ______________________________________.

○ ______________________________________.

Rouge !

Épisode 3, pp. 18 à 23

Je découvre le texte

1. **Lis** et **entoure** selon le code.

qui ? quand ?
quoi ? où ?

Tricoti, tricotin, au troisième matin, elle lui offre une longue, longue écharpe spéciale pour les grands froids.
Mais voilà que tape du pied un taureau à l'air fâché : il ne peut supporter qu'on lui agite du rouge sous le nez !
Tricoti, tricotin au quatrième matin, elle lui offre un cache-oreilles tout doux, tout chaud, une vraie merveille.
Mais un pic-vert la pique sans gêne : c'est qu'il espère trouver des vers !

2. **Entoure** les bonnes réponses.

Qui ?	**Quand ?**
elle (la petite mamie) un pic-vert / il une bande de limaces / elle un taureau / il	au troisième matin au cinquième matin au quatrième matin au deuxième matin

Quoi ?
Le taureau tape du pied. Le taureau agite du rouge sous le nez ! Le pic-vert espère trouver des vers. Le pic-vert pique le taureau.

Je comprends le texte

3. Colorie le personnage désigné par le mot « **il** ».

○ **Il** ne peut supporter qu'on lui agite du rouge sous le nez !

le pic-vert | le taureau

○ **Il** espère trouver des vers.

le pic-vert | le taureau

4. Relie pour faire des phrases du texte.

Le taureau •	• pique •	• un cache-oreilles.
	• offre •	• du pied.
Le pic-vert •		
	• espère •	• la petite-fille.
La petite mamie •	• tape •	• trouver des vers.

5. Écris une phrase pour répondre à chaque question.

○ Qui espère trouver des vers ?

○ Qui est fâché et tape du pied ?

○ Qui offre un cache-oreilles ?

Épisode 3, pp. 18 à 23

J'apprends de nouveaux mots

1. **Entoure** chaque mot de la couleur du vêtement correspondant.

En hiver…

un bonnet | une cagoule | une écharpe

un manteau | un blouson | un pull

une chemise | des gants | une jupe | des bottes

un pantalon | un collant | des chaussures

En été…

une robe | un polo

un bermuda

des sandales | des tongs

2. **Colorie** de la même couleur les boîtes de mots qui vont ensemble, comme dans l'exemple.

chaussures bottes moufles	cagoule robe jupe	pantalon chemisier blouson manteau
belle douce chaude mignonne	beau doux chaud mignon	belles douces chaudes mignonnes

J'écris un nouveau texte

3. **Complète** les phrases pour inventer une suite possible de l'histoire. **Aide**-toi des mots de la page 86.

○ Tricoti, tricotin, au cinquième matin,

la petite mamie lui offre ______________________________.

○ Tricoti, tricotin, au sixième matin,

la petite mamie lui offre ______________________________.

○ Tricoti, tricotin, au septième matin,

la petite mamie lui offre ______________________________.

4. **Dessine** les vêtements que tu as choisis dans ton texte.

Rouge !

Épisode 4, pp. 24 à 31

Je découvre le texte

1. **Lis** et **entoure** selon le code.

qui ? quand ?
quoi ? où ?

Tricoti, tricotin, au cinquième matin, elle lui offre un beau bonnet avec un pompon au sommet.

Mais un rossignol la picore encore : il se dit qu'en fin d'automne une cerise est une chance en or !

Tricoti, tricotin, au sixième matin, la petite fille en a assez et sa mamie a une idée.

Tricoti, tricotin, tricoti, tricotin, tricoti, tricotin, tricoti, tricotin, tricoti, tricotin.

2. **Entoure** toutes les bonnes réponses.

Qui ?	Quoi ?
elle (la petite mamie)	La petite mamie offre un bonnet.
un rossignol	Le rossignol picore le pompon.
la petite fille	La petite fille a une idée.
un petit chasseur	La mamie a une idée.
un oiseau	La petite fille en a assez.
un loup	La petite mamie tricote, tricote.

Je comprends le texte

3. **Lis** et **entoure** les bonnes propositions.

○ La mamie
- en a assez.
- a une idée.
- a de l'or.

○ Le rossignol croit que
- le pompon est en or.
- le pompon est une cerise.
- le pompon est un bonbon.

4. **Barre** les 2 erreurs dans la phrase et **écris** le mot du texte.

Tricoti, tricotin, au cinquième malin, elle lui offre un beau bonnet

avec un bonbon au sommet.

5. **Recopie** uniquement les phrases qui correspondent à l'illustration.

- Elle est contente.
- Elle en a assez.
- Elle est en colère.
- Il y a un orage.

6. **Écris** une phrase pour répondre à chaque question.

○ Que fait le rossignol ?

○ Que fait la petite mamie au sixième matin ?

J'apprends de nouveaux mots

1. Observe.

2. Écris les numéros comme dans l'image.

(___) une belette	(___) le houx	(___) un écureuil	(___) des noisettes
(___) un chêne	(___) la mousse	(___) des fougères	(___) un hibou
(___) un sanglier	(___) des glands	(___) un noisetier	(___) des champignons

3. Écris les mots en les classant dans le tableau.

un renard – un gland – un rossignol – le chêne –
un noisetier – des noisettes – une limace

des animaux	des végétaux	
	les arbres	leurs fruits

J’écris un nouveau texte

4. **Lis.**

Dans la forêt, la petite fille se promène près du **noisetier**.

Elle ramasse **une noisette**.

Derrière **le houx**, elle aperçoit **une limace**.

5. **Écris** un autre texte en remplaçant les mots encadrés par des mots de la page 90.

6. **Dessine** ton histoire.

Rouge !

Épisode 5, pp. 32 à 37

Je découvre le texte

1. **Lis** et **entoure** selon le code.

qui ? quand ?
quoi ? où ?

Au septième matin, enfin, elle lui offre une chose étrange avec poches, capuche et manches.
« C'est quoi, ce truc-là ? demande la petite légèrement craintive…
– Hé bien ! Mon chaton, c'est ma dernière invention : une sorte de chaperon.
D'habitude ce n'est que pour la tête, mais il me restait tant de laine !
Le tien te couvrira jusqu'aux pieds.
Avec ça, crois-moi, il ne pourra rien t'arriver. »

2. **Écris oui**, **non** ou **?** (on ne sait pas).

Quoi ?
La petite mamie lui offre un chaton. -------
La petite mamie lui offre un chaperon. -------
La petite mamie lui offre un vêtement. -------
La petite fille s'inquiète. -------
La petite fille est ravie. -------
Alors, la petite fille rentre chez elle. -------

Je comprends le texte

3. Surligne les phrases qui ont le même sens que le modèle.

○ Elle lui offre une chose étrange.

Elle lui offre un cadeau ordinaire.

Elle lui offre un cadeau bizarre.

○ « C'est quoi, ce truc-là ? » demande la petite fille légèrement craintive.

« C'est quoi, ce truc-là ? demande la petite fille légèrement apeurée.

« C'est quoi, ce truc-là ? demande la petite fille légèrement triste.

○ – Hé bien ! Mon chaton, c'est ma dernière invention.

– Hé bien ! Ma chérie, c'est ma dernière invention.

– Hé bien ! Ma puce, c'est ma dernière invention.

4. Coche la bonne explication.

○ La mamie a tricoté un chaperon qui couvrira la petite fille jusqu'aux pieds

☐ car la petite fille a froid aux pieds.

☐ car elle avait beaucoup de laine.

☐ car la petite fille est craintive.

○ La petite fille est craintive :

☐ parce qu'elle a peur de sa mamie.

☐ parce qu'elle a peur du chaton.

☐ parce qu'elle n'a jamais vu un vêtement comme celui-là.

5. Écris une phrase pour répondre.

○ Quelle est l'invention de la petite mamie ?

○ De quoi a-t-on besoin pour fabriquer un chaperon ?

J'apprends de nouveaux mots

Épisode 5, pp. 32 à 37

1. **Écris** la réponse à chaque devinette en t'aidant des mots suivants.

un chaperon – un manteau – un scooter – un vélo – une cerise – une fraise

- J'ai un col, des poches et des boutons.

  Je suis

- J'ai une capuche, des manches et des poches.

  Je suis

- J'ai deux roues, un guidon, des pédales et une selle.

  Je suis

- J'ai deux roues, un guidon, un moteur et une selle.

  Je suis

- Je suis rouge, j'ai une queue, mais pas de noyau.

  Je suis

- Je suis rouge, j'ai une queue et un noyau.

  Je suis

2. **Écris** les légendes des images.

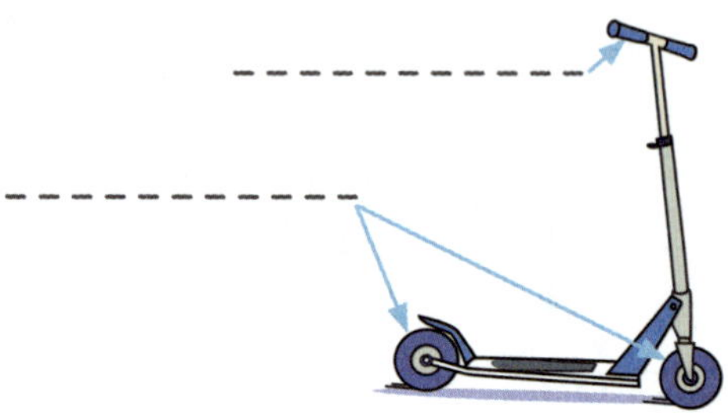

une trottinette

un scooter

J'écris un nouveau texte

3. **Lis** le texte.

> Au septième matin, enfin, elle lui offre une chose étrange
> avec poches, capuche et manches.

4. **Écris** un autre texte en remplaçant les mots grisés
Aide-toi des mots de la page 95.

Dessine la chose étrange.

5. **Écris** un autre texte pour décrire cette chose étrange.

Épisode 5, pp. 32 à 37

J'apprends de nouveaux mots

1. **Relie** les mots au dessin.

- une longue robe
- un ravissant chaperon
- de solides sabots
- un panier en osier
- une galette fraîche
- un petit pot de beurre

2. **Entoure** le nom de ce personnage bien connu.

la Belle au bois dormant – Cendrillon –
Boucle d'Or – le Petit Chaperon rouge

3. **Recopie** les actions de ce personnage sous la bonne image.

tricoter – ramasser des noisettes – courir après les papillons –
aller chez sa grand-mère – faire des bouquets de fleurs

J'écris un nouveau texte

4. **Lis.**

> Il était une fois, tout au fond d'un bois,
> une bien jolie petite mamie.
> Elle avait les joues rouges, un très beau rosier rouge,
> une ravissante robe rouge et même des rideaux rouges.
> Cette petite mamie passait ses journées
> à tricoter pour sa petite-fille.
> Elle lui offrait des vêtements rouges :
> c'était sa couleur préférée !

5. **Écris** un texte pour décrire le Petit Chaperon rouge.
Utilise les mots de la page 96.

Il était une fois, tout au fond d'un bois,

une bien jolie petite fille.

Elle avait

Cette petite fille passait ses journées

à

Rouge !

J'imagine la suite de l'histoire

1. **Lis** et **entoure** une suite possible pour l'histoire « Rouge ! » d'après ce que tu connais du Petit Chaperon rouge.

- Le loup trouve la petite fille très jolie avec son chaperon.
  Le rouge est sa couleur adorée. Ils deviennent des amis.

- La petite fille croise le loup qui s'enfuit en l'apercevant.
  Grâce à son chaperon, il ne lui est rien arrivé !

- Le loup court chez la grand-mère. Il la mange et attend la petite fille pour la manger à son tour.

- Le loup mange la grand-mère et la petite fille.
  Un chasseur le tue et les libère.

2. **Recopie** la fin farfelue que tu préfères.

J'écris une autre suite de l'histoire

À toi d'imaginer une autre fin farfelue…

3. **Entoure** des mots dans les listes suivantes pour écrire ton histoire.

Qui ?		Quoi ?	
un ogre	Boucle d'Or	dévore	emmène
un monstre	Adrien	attrape	joue
une sorcière	l'ours	jette un sort	trouve un ami
un sorcier	Souris verte	chatouille	cherche un ami
le Petit Poucet	l'éléphant	embrasse	a peur

4. **Dessine** les éléments de ton histoire.

5. **Écris** un nouveau texte. Tu peux t'aider de celui que tu as choisi p. 98.

Autour de l'album : une œuvre d'art

Je découvre une œuvre d'art

1. **Lis** les mots. **Entoure** celui qui, pour toi, correspond à cette œuvre d'art et **dis** pourquoi.

cadre	mots	rempli	autour	noir
se fâcher	vide	chaud	peur	ravissant

Le Volcan, estampe de Pierre Alechinsky, 1971.

2. **Lis** l'album page 28 et **regarde** l'illustration page 30.
Dis quels sont les points communs et les différences entre l'œuvre d'art et l'illustration.

Je compose

3. **Entoure** trois mots qui te font penser au Petit Chaperon rouge. **Recopie**-les. **Explique** ton choix.

mamie – bois – jouer – rouge – loup – forêt – couleur – vert – chaperon – peur – hérisson – chasseur – dévorer

4. **Recopie** les mots que tu as choisis dans la silhouette du Petit Chaperon rouge ou autour. **Complète** la silhouette en dessinant.

Autour de l'album : Le Petit Chaperon rouge

Je découvre un autre texte

1. **Écoute** et **lis** le poème.

Le Petit Chaperon rouge

Fort gentille, elle est coiffée
D'un mignon coquelicot.
On croirait voir une fée
Qui trottine en fins sabots.

« Où vas-tu, Chaperon rouge,
Gazouillant comme un oiseau ? »
« Je m'en vais bien loin, seulette,
Sous l'ombrage murmurant,
Et je porte une galette
À ma bonne mère-grand. »

Maurice Bouchon

2. **Entoure** le dessin qui correspond au Petit Chaperon rouge du poème.

Je découvre d'autres livres avec le Petit Chaperon rouge

3. **Écris** le numéro de l'album qui correspond à chaque résumé.

1

2

3

4

5

6

Elle a les cheveux couleur carotte. À sa vue, tout le monde crie : « Sauve-qui-peut ! », même le loup ! n°	Elle a un chaperon rouge de la tête au pied ; c'est sa mamie qui le lui a tricoté. n° ....
Elle a un chapeau rond rouge. Elle ne reconnaît pas le loup et lui joue de la trompette. Le loup est terrorisé ! n°	Dans une forêt rouge, le loup se cache derrière un buisson. Il attend le Petit Chaperon rouge : il va la manger ! n° ....
Elle a un chaperon rouge et passe son temps à demander au loup : « Et pourquoi ? » n°	Elle a un chaperon rouge et elle est futée : elle empoisonne le loup avec un bonbon. n° ....

4. **Écris** les titres des albums qui correspondent à ces portraits du Petit Chaperon rouge.

Elle est craintive.	Elle est forte.

Le Cerisier

Je découvre l'album

1. **Complète** pour légender les pages de couvertures de l'album.

l'auteur – l'éditeur – l'illustration – le titre
le code-barres – la collection – le résumé

2. **Lis** le résumé de l'album
et **entoure** la question.

Si le temps des cerises est trop court,
celui pour que grandisse le petit cerisier planté par Grand-père
semble vraiment interminable.
Comment Maribelle aidera son arbrisseau à pousser ?

3. **Écris** une phrase pour répondre à chaque question.

○ Quels sont les personnages ?

○ Que veut faire Maribelle ?

○ Penses-tu qu'elle va réussir ?

4. **Colorie** ce qui a le même sens que les mots soulignés.

○ <u>Le temps des cerises</u> est trop court.

| la saison des cerises | le mois de juin |

○ La croissance du petit cerisier semble vraiment <u>interminable</u>.

| interdite | longue | minable |

○ Maribelle aidera son <u>arbrisseau</u> à pousser.

| son petit seau | son petit arbre |

Le Cerisier

Épisode 1, pp. 4 à 9

Je découvre le texte

1. **Lis** et **entoure** selon le code.

qui ? (jaune) — quand ? (bleu) — quoi ? (rouge) — où ? (vert)

Comme chaque année, la petite Maribelle passe ses vacances chez ses grands-parents à la montagne.
Un jour, Grand-père lui offre un tout petit cerisier.
Ensemble, ils le plantent. Grand-père explique qu'avec un peu de patience, ils pourront bientôt déguster de belles cerises.
Les jours passent, mais le cerisier ne pousse pas.
Alors, Maribelle décide de le soigner à sa façon.

2. **Barre** les mauvaises réponses.

Qui ?		Quand ?	
la petite Mirabelle la petite Maribelle ses grands-parents	Grand-père Grand-mère	une nuit un jour bientôt	chaque année les jours passent

Quoi ?	
Maribelle passe ses vacances. Grand-père offre un cerisier. Ils poussent. Ils plantent.	Grand-père explique. Ils pourront déguster. Il ne pousse pas. Elle décide de le soigner.

3. **Complète.**

Où ?

Je comprends le texte

4. **Écris** vrai ou faux.

- ○ Tous les ans, Maribelle passe ses vacances chez ses grands-parents.
- ○ Maribelle n'a pas passé ses vacances chez ses grands-parents l'année dernière.
- ○ Maribelle a passé ses vacances chez ses grands-parents l'année dernière.
- ○ Parfois, Maribelle ne passe pas ses vacances chez ses grands-parents.

5. **Écris** ce que désigne le mot souligné.

- ○ Grand-père lui offre un tout petit cerisier.
- ○ Ils pourront déguster de belles cerises.
- ○ Maribelle décide de le soigner.

6. **Écris** une phrase pour répondre à la question. **Aide**-toi des mots suivants.

mûres | petites | grosses | rouges | vertes

très | bien

À ton avis, comment sont « de belles cerises » ?

Épisode 1, pp. 4 à 9

J'apprends de nouveaux mots

1. **Lis** l'arbre généalogique de Maribeau et **complète**-le avec les mots suivants.

les parents – les grands-parents – les enfants

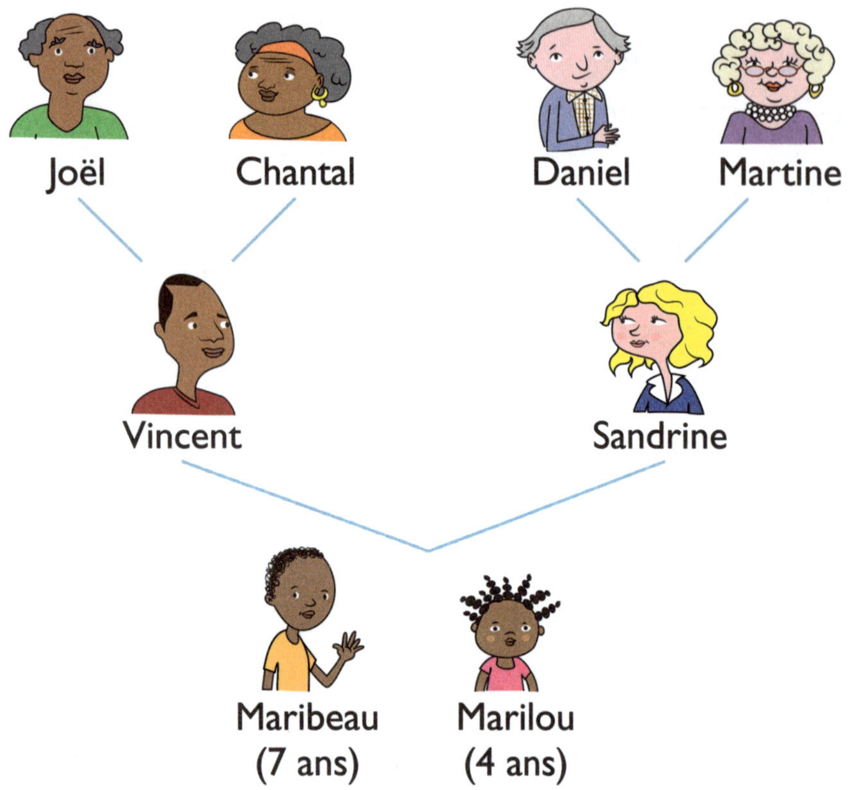

Ce sont ……………

Ce sont ……………

Ce sont ……………

2. **Complète** le texte.

Vincent et Sandrine sont les …………… de Maribeau et Marilou.

Joël et Chantal sont les …………… de Vincent

et les …………… de Maribeau et Marilou.

Daniel et Martine sont les …………… de Maribeau et Marilou

et les …………… de Sandrine.

Maribeau est le frère de …………….

J'écris un nouveau texte

3. **Lis** l'arbre généalogique de Maribelle et **entoure** selon le code.

- les parents de Timothée en **vert**
- les parents de Charlotte en **orange**
- les parents de Maribelle en **bleu**
- ses grands-parents en **rose**

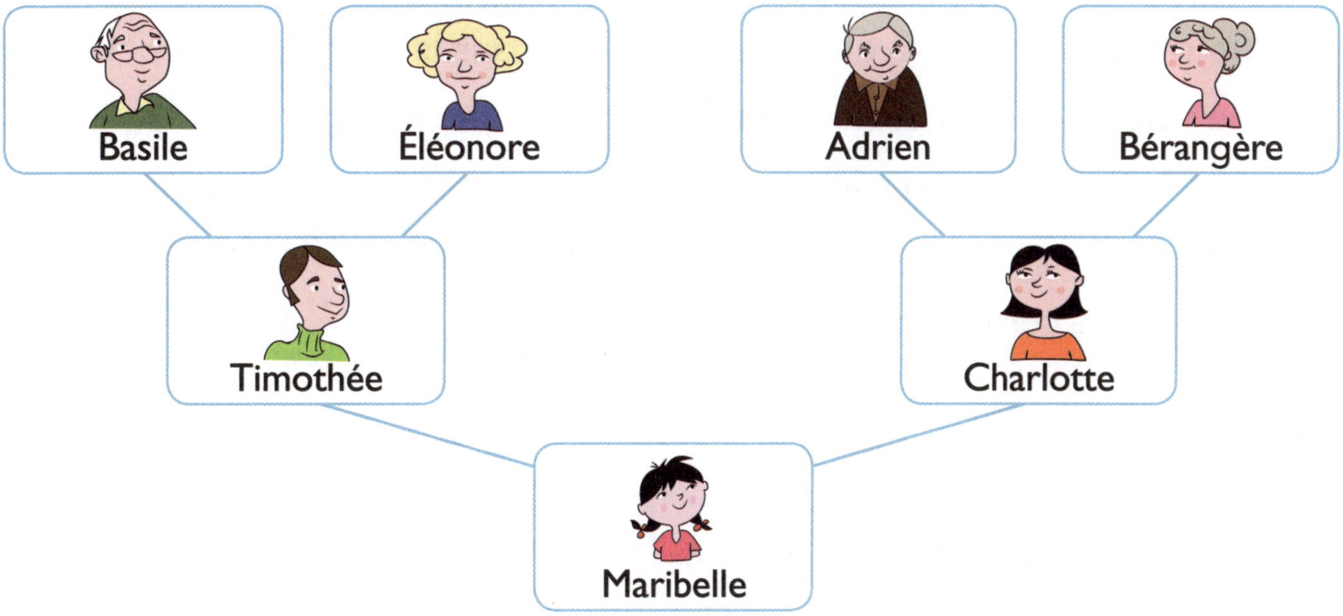

4. **Écris** un texte pour décrire la famille de Maribelle. **Aide**-toi du texte de la page 108.

Le Cerisier

Épisode 2, pp. 10 à 15

Je découvre le texte

1. **Lis** et **entoure** selon le code.

qui ? quand ?
quoi ? où ?

Pour nourrir le chaton de la ferme, on lui donne du lait ; cela fera-t-il grandir son arbre ? Non, le cerisier ne pousse pas.
Souvent, Grand-père étrille les moutons dans leur enclos ; un petit coup de peigne l'aidera certainement. Mais non, le cerisier ne pousse pas.
Maribelle sait, par ses lectures, que les carottes font pousser les oreilles des lapins ; que donneront celles déposées en offrande auprès de l'arbre ? Eh bien, le cerisier ne pousse toujours pas.

2. **Écris** une phrase pour répondre à la question.

De qui parle-t-on dans cet épisode ?

3. **Complète** chaque phrase avec le lieu qui convient.

○  Le chaton vit ______________.

○  Les moutons sont ______________.

○  Maribelle est ______________.

Je comprends le texte

4. **Relie** le début et la fin des phrases.

Pour nourrir le chaton de la ferme, •	• on utilise un peigne.
Pour étriller les moutons, •	• on leur donne des carottes.
Pour aider les lapins à avoir de grandes oreilles, •	• on lui donne du lait.

5. **Écris** vrai, faux ou on ne sait pas.

- ○ Maribelle donne du lait aux moutons de la ferme.
- ○ Grand-père n'a pas de chaton.
- ○ Maribelle offre des carottes au cerisier.
- ○ Maribelle étrille les moutons.
- ○ Maribelle a lu des livres sur les lapins.

6. **Écris** une phrase pour chaque image en utilisant les boîtes de mots. N'oublie pas la majuscule et le point.

Maribelle	donne	des livres	de son cerisier
la petite fille	offre	du lait	à son arbrisseau
le lapin	peigne	des carottes	à son cerisier
la fillette	mange	les branches	à son arbre

○ 

○ 

○ 

Épisode 2, pp. 10 à 15

J'apprends de nouveaux mots

1. **Lis** les conseils du jardinier et **numérote** les images correspondantes.

Pour faire pousser un arbre, il faut :

1) tailler les branches avec un sécateur ;
2) installer un tuteur ;
3) mettre de l'engrais ;
4) remuer la terre pour l'aérer ;
5) arroser régulièrement ;
6) retirer les mauvaises herbes.

n° ....

n° ....

n° ....

n° ....

n° ....

n° ....

2. **Écris** ce qui pourrait être utilisé par les personnages.

un sécateur – un peigne – un arrosoir – une fourchette
des croquettes – une fourche-bêche – un râteau – du savon – de l'engrais

Pour faire pousser un arbre, le jardinier utilise…	Pour faire pousser son cerisier, Maribelle pourrait utiliser…

J'écris un nouveau texte

3. À ton avis, qu'est-ce que Maribelle pourrait encore faire pour faire pousser son arbre ? **Écris** en t'aidant de la page 112.

4. **Dessine** ton texte.

Le Cerisier

Épisode 3, pp. 16 à 21

Je découvre le texte

1. **Lis** et **entoure** selon le code.

qui ? quand ?
quoi ? où ?

Au creux du nid, les oisillons prennent leur envol ; le cerisier s'élancera-t-il si Maribelle lui en confectionne un à l'aide de brindilles et de paille ? Décidément, le cerisier ne pousse pas.
Les jours passent et Maribelle désespère. Elle mesure chaque jour son arbrisseau.
Finalement, l'été s'achève. Maribelle craint que son cerisier, si chétif, ne supporte pas un hiver rigoureux.

2. **Écris** la nouvelle idée de Maribelle pour faire pousser son arbre.

3. **Colorie** de la même couleur les mots qui ont le même sens.

oisillon — fragile — s'élancer — branche
rigoureux — confectionner — froid — grandir
petit oiseau — brindille — craindre — avoir peur
chétif — fabriquer

Je comprends le texte

4. **Écris** le nom des saisons comme il convient.
Colorie les mois des vacances de Maribelle chez ses grands-parents.

hiver – printemps – automne – été

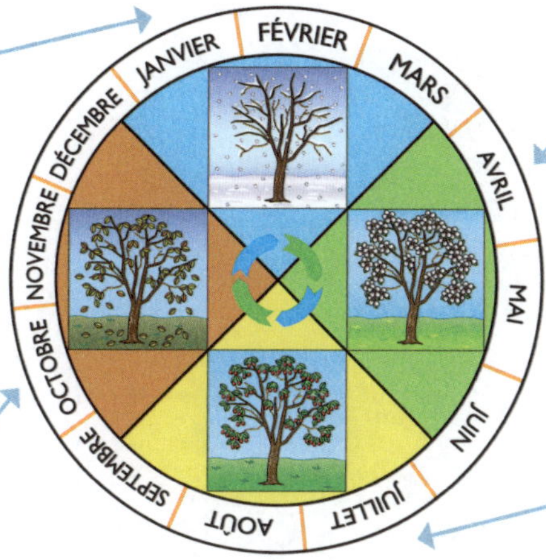

5. **Écris** une phrase pour répondre.

Pourquoi Maribelle désespère-t-elle ?

6. **Numérote** les phrases dans l'ordre de l'histoire.

1

2

3

4

- n° .... Un jour, son grand-père lui offre un petit cerisier qu'ils plantent ensemble.
- n° .... Comme chaque année, Maribelle arrive en vacances chez son grand-père.
- n° .... À la fin de l'été, Maribelle rentre chez elle.
- n° .... Les jours passent, le cerisier ne pousse pas.

J'apprends de nouveaux mots

1. Numérote les images dans l'ordre.

....

....

....

....

2. Complète le texte avec les mots suivants.

Puis – Enfin – Ensuite – D'abord

- ________, Maribeau ramasse des branches et des brindilles.
- ________, il les assemble pour faire une cabane.
- ________, il étale de la paille sur le sol.
- ________, il accroche un rideau de feuilles à la porte.

3. Écris ces mots dans le bon ordre sur la frise du temps.

J'écris un nouveau texte

4. **Écris** des phrases pour expliquer comment Maribelle construit le nid. **Aide**-toi des mots de la page 116.

Le Cerisier

Épisode 4, pp. 22 à 29

Je découvre le texte

1. **Lis** et **entoure** selon le code.

qui ? / quoi ? / quand ? / où ?

La nuit suivante, le cerisier entend une chouette hululer. Il étire son tronc pour mieux percevoir sa mélodie.
Quelques jours après, des papillons espiègles viennent le chatouiller. Pour répondre à leur jeu, il allonge ses branches.
Un jour gris et pluvieux, l'arbre entend la complainte des gouttes d'eau tombant lourdement sur le sol. Il déploie délicatement ses jeunes feuilles pour amortir leur chute et obtient l'amitié de la pluie par ce geste bienveillant.
La nuit suivante, le cerisier entend les larmes de la lune qui pleure sa solitude dans l'obscurité. Alors, pour lui tenir compagnie, il fait éclore à chacune de ses branches de belles fleurs blanches, pareilles à de petites lucioles.

2. **Écris** de qui ou de quoi il s'agit.

- Elle hulule, c'est .
- Ils sont espiègles, ce sont .
- Il allonge ses branches, c'est .
- Elles tombent sur le sol, ce sont .
- Elle pleure, c'est .
- Il fait éclore de belles fleurs blanches, c'est .
- Elles sont comme de petites lucioles, ce sont .

Je comprends le texte

3. **Colorie** les phrases qui ont le même sens que les phrases modèles.

○ Il étire son tronc pour mieux percevoir la mélodie de la chouette.
Il grandit pour mieux entendre la chouette hululer.
Il retire son écorce pour ne plus entendre la chanson de la chouette.

○ L'arbre entend la complainte des gouttes d'eau.
L'arbre entend la pluie tomber.
L'arbre entend l'averse.

○ La lune pleure sa solitude dans l'obscurité.
La lune pleure parce qu'elle est seule dans le noir.
La lune pleure parce qu'elle est noire.

○ Il fait éclore de belles fleurs blanches, pareilles à de petites lucioles.
Il fait pousser de jolies fleurs blanches et brillantes.
Il fait tomber de jolies fleurs blanches et brillantes.

4. **Écris** des phrases en utilisant les boîtes de mots.

Le cerisier	étire son tronc	pour répondre au jeu des papillons.
L'arbre fruitier	allonge ses branches	pour tenir compagnie à la lune.
L'arbre	déploie ses feuilles	pour amortir la chute des gouttes d'eau.
	fait éclore des fleurs	pour mieux percevoir la mélodie de la chouette.

Épisode 4, pp. 22 à 29

J'apprends de nouveaux mots

1. **Lis** le poème.

Trois cerises rouges
Tout en haut d'un cerisier
Se balancent
Se balancent…
Je ne peux pas les attraper…

Trois groseilles rouges
Pendues à leur groseillier
Se balancent
Se balancent…
Le pinson les a gobées…

Trois petites fraises rouges
Bien cachées sous les fraisiers
Pas de chance
Pas de chance…
L'escargot les a sucées !

Trois framboises rouges
Dressées sur leur framboisier
Je m'avance
Je m'avance…
C'est moi qui les ai mangées !

2. **Entoure** dans le poème les noms des fruits en **bleu** et les noms des arbres ou des plantes en **vert**.

3. **Complète** le tableau.

	Le nom du fruit	Le nom du végétal

J'écris un nouveau texte

4. **Écris** au moins une nouvelle strophe avec un nouveau fruit. **Aide**-toi de la page 120.

5. **Dessine** ton poème.

Le Cerisier

Épisode 5, pp. 30 à 41

Je découvre le texte

1. **Lis** et **entoure** selon le code.

qui ? quand ?
quoi ? où ?

Enfin, les beaux jours reviennent. Des dizaines de coccinelles entament une partie de cache-cache sur l'arbre. Quelle meilleure cachette que celle offerte par ces grosses cerises rouges ?
Les jours passent et Maribelle est de retour au village. Pressée, elle n'en croit pas ses yeux : son petit arbuste est devenu un grand, beau et fort cerisier. Quel bonheur ! La récolte peut commencer. Panier rempli et joues gonflées pour l'étrange merlette perchée sur sa branche. Ravie, elle invite ses amis alentour à goûter les fruits juteux, boucles d'oreilles et lancers de noyaux au programme. Ensemble, ils célèbrent le petit arbre devenu grand, beau et fort.
À l'heure de la sieste, le cerisier offre son ombrage à Maribelle la Sage. Assoupie, elle songe aux paroles de son grand-père : pour bien grandir, il faut du temps.

2. **Écris** de qui ou de quoi il s'agit.

- Il est grand, beau et fort, c'est ______________.
- Elles sont gonflées, ce sont ______________.
- Elle est pressée, c'est ______________.
- Elles sont grosses et rouges, ce sont ______________.
- Ils célèbrent le petit arbre, ce sont ______________.
- Il est rempli, c'est ______________.

Je comprends le texte

3. **Écris** vrai, faux ou on ne sait pas.

- ○ La fillette entame une partie de cache-cache avec les coccinelles.
- ○ Maribelle récolte les cerises.
- ○ Elle fait la sieste à l'ombre du cerisier.
- ○ Maribelle siffle comme une merlette.
- ○ Elle mange les cerises dans l'arbre.
- ○ La petite fille lance des noyaux sur les coccinelles.
- ○ Elle fabrique des boucles d'oreilles avec les cerises.

4. **Relie** les mots à leur image.

elle songe	un arbuste	elle est assoupie	une merlette	l'ombrage

5. **Écris** les paroles du grand-père.

Autour de l'album : les cerises

Je découvre un autre texte

1. **Lis.**

Clafoutis aux cerises

Ingrédients :
- 2 œufs
- 1 pot de sucre
- 1 pot de farine
- 2 pots de lait
- des cerises

Ustensiles :
- 1 saladier
- 1 pot de yaourt vide
- 1 couteau
- 1 cuillère en bois
- 1 moule

Les étapes de la recette :

1. Mélanger les œufs avec le sucre dans un saladier.
2. Ajouter la farine puis le lait.
3. Mélanger la préparation.
4. Laver les cerises.
5. Enlever les noyaux.
6. Déposer les cerises au fond du moule.
7. Verser la préparation dessus.
8. Faire cuire à four chaud 45 minutes.

2. **Complète** la phrase.

un conte – une règle du jeu – une affiche – une recette – une lettre

Ce texte est ______________________________.

3. **Recopie** le titre du texte.

____

Je comprends le texte

4. **Surligne** dans les étapes de la recette les ingrédients et les ustensiles dans leur couleur.

5. **Entoure** les verbes en rouge dans le texte.

6. Voici la recette de la compote de cerises.
Numérote les étapes de la recette dans l'ordre.

n° ....

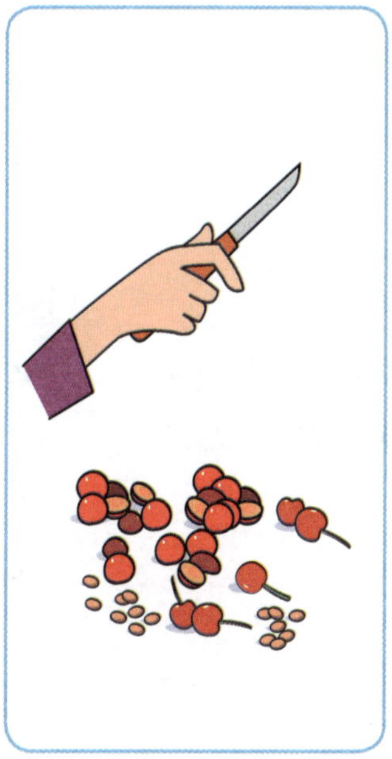

n° ....

n° ...4....

n° ....

7. **Écris** les actions qui correspondent aux images.

- n° 1 :
- n° 2 :
- n° 3 :
- n° 4 : Mixer

Autour de l'album : le temps qui passe

Je découvre un autre texte

1. **Lis.**

Ça tourne toujours

D'abord c'est la nuit
et puis c'est le jour (2)
C'est la nuit (2)
C'est le jour (2)
C'est la nuit (2)
C'est le jour (2)

Refrain :
Ça tourne ça tourne ça tourne toujours (2)
Ça tourne ça tourne ça tourne toujours (2)

D'abord c'est l'hiver
et puis c'est l'été (2)
C'est l'hiver (2)
C'est l'été (2)
C'est l'hiver (2)
C'est l'été (2)

Refrain

D'abord le soleil
et après la pluie (2)
Le soleil (2)
Et la pluie (2)
Le soleil (2)
Et la pluie (2)

Refrain

Aujourd'hui tu pleures
et demain tu ris (2)
Et tu pleures (2)
Et tu ris (2)
Et tu pleures (2)
Et tu ris (2)

Paroles et musique :
Gérard Delahaye

2. **Écris.**

une poésie – une chanson – une recette – une bande dessinée

Ce texte est ____________________.

3. **Écris** le nom de l'auteur. ____________________

4. **Écris** le nombre de couplets. ____________________

Je comprends le texte

5. **Lis** et **surligne** ce qui est pareil dans les 2 couplets.

D'abord c'est la nuit
et puis c'est le jour
C'est la nuit
C'est le jour
C'est la nuit
C'est le jour

D'abord c'est l'hiver
et puis c'est l'été
C'est l'hiver
C'est l'été
C'est l'hiver
C'est l'été

6. **Relie** ce qui va ensemble.

l'oisillon	la fleur	le chaton	l'arbrisseau	l'école

l'arbre	le chat	l'oiseau	les vacances	le fruit

7. **Écris** à ton tour 2 nouveaux couplets.
Aide-toi des mots de l'exercice 6.

Autour de l'album : le temps qui passe

Je découvre d'autres livres

1. **Surligne** dans les résumés de chaque album les mots qui correspondent au temps qui passe.

2. **Écris** la bonne durée pour chaque album parmi les mots suivants.

un jour – une semaine – un mois – une année scolaire – une année

Léo, le petit tigre, est lent à s'épanouir. Mais, comme ses amis, il réussira lui aussi à grandir pendant son année à l'école.

Tôt ce matin, Monsieur Louis a planté une graine dans un trou. Il attend 7 jours pour voir pousser une fleur…

Si le temps des cerises est trop court, celui pour que grandisse le petit cerisier est interminable : au moins 4 saisons.

3. **Écris** les titres des albums selon la durée de leur histoire.

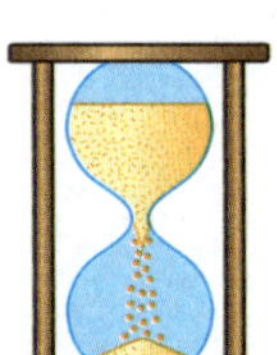

Achevé d'imprimer en Italie par L.E.G.O. S.p.A. Lavis (TN) - Dépôt légal : Février 2020 - Collection n° 02 - Édition n° 11 - 11/7998/5